Mi libro ilustrado bilingüe
我的双语图画书

Los cuentos infantiles más bonitos de Sefa en un volumen

Ulrich Renz · Barbara Brinkmann:

Que duermas bien, pequeño lobo · 好梦，小狼仔
Hǎo mèng, xiǎo láng zǎi

Edad recomendada: a partir de 2 años

Cornelia Haas · Ulrich Renz:

Mi sueño más bonito · 我最美的梦乡

Edad recomendada: a partir de 2 años

Ulrich Renz · Marc Robitzky:

Los cisnes salvajes · 野天鹅
Yě tiān'é

Basado en un cuento de hadas de Hans Christian Andersen

Edad recomendada: a partir de 5 años

© 2024 by Sefa Verlag Kirsten Bödeker, Lübeck, Germany. www.sefa-verlag.de

Special thanks to Paul Bödeker, Freiburg, Germany

All rights reserved.

ISBN: 9783756305216

Traducción:

Anneli Landmesser (español)

Li Wu (chino)

Audiolibro y vídeo:

www.sefa-bilingual.com/bonus

Acceso gratuito con la contraseña:

español: `LWES1428`

chino: `LWZH3517`

¡Buenas noches Tim! Seguiremos buscando mañana.
Ahora ¡que duermas bien!

晚安，提姆！我们 明天 再接着 找。现在 先 睡觉 吧！
Wǎn'ān, Tímǔ! Wǒmen míngtiān zài jiēzhe zhǎo. Xiànzài xiān shuìjiào ba!

Afuera ya ha oscurecido.

窗 外 天 已经 黑 了。
Chuāng wài tiān yǐjīng hēi le.

¿Qué está haciendo Tim ahí?

提姆 在 那儿 做 什么 呢？
Tímǔ zài nàr zuò shénme ne?

Se está yendo al parque infantil.

¿Qué está buscando ahí?

他出去，去游戏场。
Tā chū qù, qù yóuxì chǎng.

他在那儿找什么呢？
Tā zài nàr zhǎo shénme ne?

¡El pequeño lobo!
No puede dormir sin él.

小 狼 仔！
Xiǎo láng zǎi!

没有 小 狼 仔 他就 无法入睡。
Méiyǒu xiǎo láng zǎi tā jiù wúfǎ rùshuì.

¿Quién viene ahí?

谁 来 了？
Shéi lái le?

¡Marie! Está buscando su pelota.

是 玛丽! 她在找 她的球。
Shì Mǎlì! Tā zài zhǎo tā de qiú.

¿Y qué está buscando Tobi?

托比 在找 什么 呢?
Tuōbǐ zài zhǎo shénme ne?

Su excavadora.

他 的 挖掘机。
Tā de wājuéjī.

¿Y qué está buscando Nala?

那么 纳拉 在找 什么 呢?
Nàme Nàlā zài zhǎo shénme ne?

Su muñeca.

她的 小 娃娃。
Tā de xiǎo wáwa.

¿No tienen que ir a dormir los niños?

El gato se sorprende mucho.

小 朋友们 不该 去 睡觉 吗？
Xiǎo péngyǒumen bù gāi qù shuìjiào ma?

猫咪 心 里很 纳闷。
Māomi xīn lǐ hěn nàmèn.

¿Quién viene ahora?

现在 谁 来 啦？
Xiànzài shéi lái la?

¡La mamá y el papá de Tim!

Ellos no pueden dormir sin su Tim.

提姆的爸爸和妈妈！没有 提姆 他们 也 无法 入 睡。

¡Y ahí vienen aún más! El papá de Marie.
El abuelo de Tobi. Y la mamá de Nala.

那儿又有人来了!
Nàr yòu yǒurén lái le!

玛丽的爸爸,托比的爷爷,还有纳拉的妈妈也来了。
Mǎlì de bàba, Tuōbǐ de yéyé, háiyǒu Nàlā de māmā yě lái le.

¡Ahora rápido a la cama!

现在 得 快快 睡觉 去了！
Xiànzài děi kuàikuai shuìjiào qù le!

¡Buenas noches Tim!

Mañana ya no tendremos que buscar más.

晚安，提姆！我们 明天 不用 再找 了。
Wǎn'ān, Tímǔ! Wǒ men míngtiān bùyòng zài zhǎo le.

¡Que duermas bien, pequeño lobo!

好梦，小狼仔！
Hǎo mèng, xiǎo láng zǎi!

Cornelia Haas • Ulrich Renz

Mi sueño más bonito
我最美的梦乡

Traducción:

Raquel Catala (español)

王雁行 (Yanxing Wang) (chino)

Audiolibro y vídeo:

www.sefa-bilingual.com/bonus

Acceso gratuito con la contraseña:

español: **BDES1428**

chino: **BDZH3517**

Mi
sueño más bonito
我最美的梦乡
Wǒ zuì měi de mèngxiāng

Cornelia Haas · Ulrich Renz

español · bilingüe · chino

Lulu no puede dormir. Todos los demás ya están soñando – el tiburón, el elefante, el ratoncito, el dragón, el canguro, el caballero, el mono, el piloto. Y el pequeño leoncito. Al osito también se le cierran casi los ojos …

Oye osito, ¿me llevas contigo a tu sueño?

露露 睡 不着 觉。她周围 的 一切都 已
Lùlu shuì bù zháo jiào. Tā zhōuwéi de yíqiè dōu yǐ

进入梦乡。 小 鲨鱼，大象， 小 老鼠，
jìnrù mèngxiāng. Xiǎo shāyú, dàxiàng, xiǎo lǎoshǔ,

龙，袋鼠，骑士，小猴，宇航员， 还有
lóng, dàishǔ, qíshì, xiǎohóu, yǔhángyuán, háiyǒu

小 狮子。就是小熊 也是两 眼皮直
xiǎo shīzi. Jiù shì xiǎoxióng yě shì liǎng yǎnpí zhí

打架，快 撑 不住了…
dǎjià, kuài chēng bú zhù le...

小熊， 带我 一起去你的 梦乡， 好吗？
Xiǎoxióng, dài wǒ yíqǐ qù nǐ de mèngxiāng, hǎoma?

Y así está Lulu en el país de los sueños de los osos. El osito está pescando en el lago de Tagayumi. Y Lulu se pregunta, ¿quién vivirá arriba en los árboles?
Al terminar el sueño, Lulu quiere descubrir aún más cosas. ¡Ven conmigo, vamos a visitar al tiburón! ¿Qué estará soñando?

话音未落,露露就到了小熊的梦乡。小熊在塔嘎禹迷湖里钓鱼。
Huàyīn wèi luò, Lùlu jiu dào le xiǎoxióng de mèngxiāng. Xiǎoxióng zài tǎgāyùmǐ hú lǐ diàoyú.

露露寻思着,这树上住的究竟是谁?从小熊的梦乡里出来,露露
Lùlu xúnsī zhe, zhè shù shàng zhù de jiūjìng shì shéi? Cóng xiaoxióng de mèngxiāng lǐ chūlái, Lùlu

还没玩够。来,我们一起去找小鲨鱼,看看它的梦乡里有什么。
hái méi wán gòu. Lái, wǒmen yíqǐ qù zhǎo xiǎo shāyú, kànkàn tā de mèngxiāng lǐ yǒu shénme.

El tiburón está jugando a perseguir a los peces. ¡Por fin tiene amigos! Nadie tiene miedo de sus dientes puntiagudos.

Al terminar el sueño, Lulu quiere descubrir aún más cosas. ¡Venid con nosotros, vamos a visitar al elefante! ¿Qué estará soñando?

小鲨鱼在和其他小鱼玩抓人游戏。小鲨鱼终于也有朋友了。

没人害怕它的尖牙了。从小鲨鱼的梦乡里出来,露露还没玩够。

来,我们一起去找大象,看看它的梦乡里有什么。

El elefante es tan ligero como una pluma y ¡puede volar! Está a punto de aterrizar en la pradera celestial.

Al terminar el sueño, Lulu quiere descubrir aún más cosas. ¡Venid con nosotros, vamos a visitar al ratoncito! ¿Qué estará soñando?

大象 竟然 轻 如羽毛，它还能 飞！不久，大家都 在 天空 草坪
Dàxiàng jìngrán qīng rú yǔmáo, tā hái néng fēi! Bùjiǔ, dàjiā dōu zài tiānkōng cǎopíng

上 登陆 了。从 大象 的梦乡 里出来，露露还 没 玩 够。
shàng dēngluò le. Cóng dàxiàng de mèngxiāng lǐ chūlái, Lùlu hái méi wán gòu.

来，我们 一起去找 小 老鼠，看看 它的 梦乡 里有 什么。
Lái, wǒmen yìqǐ qù zhǎo xiǎo lǎoshǔ, kànkàn tā de mèngxiāng lǐ yǒu shénme.

El ratoncito está mirando la feria. Lo que más le gusta es la montaña rusa. Al terminar el sueño, Lulu quiere descubrir aún más cosas. ¡Venid con nosotros, vamos a visitar al dragón! ¿Qué estará soñando?

小老鼠 在 游乐场 里玩。它最喜欢 的是 过山车。
Xiǎolǎoshǔ zài yóulèchǎng lǐ wán. Tā zuì xǐhuān de shì guòshānchē.

从 小 老鼠 的 梦乡 里出来,露露还 没 玩 够。
Cóng xiǎo lǎoshǔ de mèngxiāng lǐ chūlái, Lùlu hái méi wán gòu.

来,我们 一起去找 龙,看看 它的梦乡 里有 什么。
Lái, wǒmen yìqǐ qù zhǎo lóng, kànkàn tā de mèngxiāng lǐ yǒu shénme.

El dragón tiene sed de tanto escupir fuego. Le gustaría beberse todo el lago de limonada.

Al terminar el sueño, Lulu quiere descubrir aún más cosas. ¡Venid con nosotros, vamos a visitar al canguro! ¿Qué estará soñando?

龙喷火喷得口渴了。它真想一口气把汽水湖喝干。

从龙的梦乡里出来,露露还没玩够。

来,我们一起去找袋鼠,看看它的梦乡里有什么。

El canguro salta por la fábrica de dulces y llena toda su bolsa. ¡Más de los caramelos azules! ¡Y más piruletas! ¡Y chocolate!

Al terminar el sueño, Lulu quiere descubrir aún más cosas. ¡Venid con nosotros, vamos a visitar al caballero! ¿Qué estará soñando?

袋鼠在糖果厂里蹦达,它把胸前的袋子塞得满满的。再多拿点蓝颜色的糖!还有棒棒糖!还有巧克力!从袋鼠的梦乡里出来,露露还没玩够。来,我们一起去找骑士,看看他的梦乡里有什么。

El caballero está teniendo una pelea de pasteles con la princesa de sus sueños. ¡Oh, no! ¡El pastel de crema ha ido en la dirección equivocada! Al terminar el sueño, Lulu quiere descubrir aún más cosas. ¡Venid con nosotros, vamos a visitar al mono! ¿Qué estará soñando?

骑士正和他心目中的美丽公主互相扔蛋糕玩。

哎呀,奶油蛋糕扔偏了。从骑士的梦乡里出来,露露还没玩够。

来,我们一起去找小猴子,看看它的梦乡里有什么。

¡Por fin ha nevado en el país de los monos! Toda la banda de monos se ha vuelto loca y está haciendo tonterías.

Al terminar el sueño, Lulu quiere descubrir aún más cosas. ¡Venid con nosotros, vamos a visitar al piloto! ¿En qué sueño habrá aterrizado?

猴乡终于也下雪了。猴子们乐开了花。个个开始猴闹。

从猴子的梦乡里出来,露露还没玩够。

来,我们一起去找宇航员,看看他的梦乡里有什么。

El piloto vuela y vuela. Hasta el fin del mundo y aún más allá, hasta las estrellas. Esto no lo ha conseguido ningún otro piloto.

Al terminar el sueño, están ya todos muy cansados y no desean descubrir mucho más. Pero aún quieren visitar al pequeño leoncito. ¿Qué estará soñando?

宇航员飞呀飞,飞到了世界的尽头。还继续往前,飞到了星星上。以前可还没人能飞得那么远呢。从宇航员的梦乡里出来,大家都累了,不想再玩了。但是还有小狮子呢。它的梦乡里又有什么呢?

El pequeño leoncito tiene nostalgia y quiere volver a su cálida y acogedora cama.
Y los demás también.

Y ahí empieza ...

小狮子想家了。它想回到它热呼呼的被窝里。

Xiǎo shīzi xiǎngjiā le. Tā xiǎng huídào tā rèhūhū de bèiwō lǐ.

大家也都开始想家了。

Dàjiā yě dōu kāishǐ xiǎngjiā le.

于是。。。

Yúshì ...

... el sueño más bonito de Lulu.

。。。露露

... Lùlu

走进 了她最 美丽 的梦乡。

zǒujìn le tā zuì měilì de mèngxiāng.

Ulrich Renz • Marc Robitzky

Los cisnes salvajes

野天鹅

Yě tiān'é

Traducción:

Marcos Canedo, Anouk Bödeker (español)

Isabel Zhang (chino)

Audiolibro y vídeo:

www.sefa-bilingual.com/bonus

Acceso gratuito con la contraseña:

español: **WSES1428**

chino: **WSZH3517**

Ulrich Renz · Marc Robitzky

Los cisnes salvajes

野天鹅 · Yě tiān'é

Basado en un cuento de hadas de
Hans Christian Andersen

+ audio   + video

español — bilingüe — chino

Había una vez doce hijos de un rey – once hermanos y una hermana mayor, Elisa. Ellos vivían felices en un castillo hermoso.

很久 很久 以前、有 十二个 国王 的孩子 — 十一个 兄弟 和
Hěnjiǔ hěnjiǔ yǐqián, yǒu shí'èrgè guówáng de háizǐ — shíyīgè xiōngdì hé

一个姐姐, 爱丽萨。他们 幸福 地 生活 在 一座 美丽的 宫殿 里。
yīgè jiějiě, Àilìsà. Tāmén xìngfú de shēnghuó zài yīzuò měilì de gōngdiàn lǐ.

Un día murió la madre y algún tiempo después, el rey se volvió a casar. Pero la nueva esposa era una bruja malvada. Convirtió a los once príncipes en cisnes y les mandó a un país muy lejano más allá del gran bosque.

有一天，母亲去世了。不久后，国王又结婚了。新王后是一个恶毒的巫婆。她用魔法把十一个王子变成了天鹅，然后把他们送到了大森林那边一个遥远的国家。

A la niña la vistió con harapos y le puso una crema fea en la cara, de manera que ni su propio padre la reconoció y la echó del castillo. Elisa corrió al bosque oscuro.

她给女孩穿上了破烂的衣服,脸上
Tā gěi nǚhái chuān shàng le pòlàn de yīfú, liǎnshàng

抹着丑陋的药膏,以至于女孩的父亲
mǒzhe chǒulòu de yàogāo, yǐ zhìyú nǚhái de fùqīn

没有认出她而把她赶出了宫殿。
méiyǒu rènchū tā ér bǎ tā gǎn chū le gōngdiàn.

爱丽萨跑进了黑暗的森林里。
Àilìsà pǎojìn le hēi'àn de sēnlín lǐ.

Ahora estaba más sola que nunca y añoró con toda el alma a sus hermanitos desaparecidos. Cuando anocheció, se hizo una cama de musgo bajo los árboles.

现在 她独自一人，心灵 深处
Xiànzài tā dúzì yīrén, xīn líng shēnchù

十分 想念 失踪 的兄弟们。
shífēn xiǎngniàn shīzōng de xiōngdìmén.

天 黑了，她在 树下 铺了
Tiān hēi le, tā zài shùxià pū le

一张 青苔 床。
yīzhāng qīngtái chuáng.

A la mañana siguiente siguiente llegó a un lago de aguas tranquilas y se asustó cuando vió su imagen reflejada en el agua. Pero después de haberse lavado, fue la princesa más linda bajo el sol.

第二天 清晨, 她来到 一个安静 的湖边。
Dìèr tiān qīngchén, tā láidào yīgè ānjìng de húbiān.

当 她看见 水中 自己的 倒影 时,
Dāng tā kànjiàn shuǐzhōng zìjǐ de dǎoyǐng shí,

她很 吃惊。不过, 当 她洗浴之后,
tā hěn chījīng. Bùguò, dāng tā xǐyù zhīhòu,

她又 是天下 最美丽 的公主 了。
tā yòu shì tiānxià zuì měilì de gōngzhǔ le.

Después de muchos días, Elisa llegó al gran mar. En las olas, once plumas de cisne se mecían.

许多天 之后，爱丽萨来到了
Xǔduō tiān zhīhòu, Àilìsà láidào le

大海边。波浪 上 漂荡 着
dàhǎi biān. Bōlàng shàng piāodàng zhe

十一片 天鹅 的 羽毛。
shíyī piàn tiān'é de yǔmáo.

Cuando se puso el sol, hubo un murmullo en el aire y once cisnes salvajes aterrizaron sobre el agua. Elisa reconoció inmediatamente a sus hermanos embrujados. Pero como hablaban el idioma de cisnes, ella no les podía entender.

当 太阳 下山 时,空中 传来 一片 噪声, 十一只 野天鹅
Dāng tàiyáng xià shān shí, kōngzhōng chuánlái yīpiàn zàoshēng, shíyīzhī yě tiān'é

降落 在海面 上。爱丽萨马上 认出 了被施了魔法 的 兄弟们。
jiàngluò zài hǎimiàn shàng. Àilìsà mǎshàng rènchū le bèi shī le mófǎ de xiōngdìmen.

不过,因为 他们 说着 天鹅 的 语言,她无法听懂。
Búguò, yīnwéi tāmen shuōzhe tiān'é de yǔyán, tā wúfǎ tīngdǒng.

De día los cisnes salían volando, de noche los hermanos y la hermana se acurrucaban los unos con los otros en una cueva.

Una noche, Elisa tuvo un sueño extraño: Su madre le dijo cómo podría liberar a sus hermanos. Tendría que tejer una camiseta de ortiga, una mala hierba con hojas punzantes, para cada uno de los cisnes y vestirles con ella. Pero hasta entonces no podría decir ni una palabra, de lo contrario sus hermanos morirían.
Elisa empezó de inmediato con su trabajo. Aunque sus manos le ardían como fuego, seguía tejiendo incansablemente.

白天，天鹅飞走了，晚上　他们　就相拥　在　一个　山洞　里。
Báitiān, tiān'é fēizǒu le, wǎnshàng tāmén jiù xiāngyōng zài yīgè shāndòng lǐ.

一天 夜晚，爱丽萨做了一个奇怪的梦：她母亲 告诉她，
Yītiān yèwǎn, Àilìsà zuò le yīgè qíguài de mèng：tā mǔqīn gàosù tā,

怎样　才能　搭救她的兄弟们。爱丽萨要 用　荨麻　给每只
zěnyàng cái néng dājiù tā de xiōngdìmen. Àilìsà yào yòng qiánmá gěi měizhī

天鹅 织一件 小　衬衫，　然后　披在他们 的身上。　但是，
tiān'é zhī yījiàn xiǎo chènshān, ránhòu pīzài tāmén de shēnshàng. Dànshì,

直到　那时，她不许说　一句话，否则 她的 兄弟们　就 会死去。
zhí dào nàshí, tā bùxǔ shuō yíjù huà, fǒuzé tā de xiōngdìmén jiù huì sǐqù.

爱丽萨马上　开始 了工作。　虽然 她的 手　像　火燎 一样，
Àilìsà mǎshàng kāishǐ le gōngzuò. Suīrán tā de shǒu xiàng huǒliáo yīyàng,

她还是 不知 疲倦 地 编织。
tā háishì bùzhī píjuàn de biānzhī.

Un día sonaron cornetas de caza a lo lejos. Un principe llegó con su séquito y de pronto estuvo frente a ella. Cuando los dos se miraron a los ojos, se enamoraron.

有一天，远处 响起 打猎的 号角。
Yǒu yītiān, yuǎnchǔ xiǎngqǐ dǎliè de hàojiǎo.

一个王子 和他的 侍从 骑马 过来，
Yīgè wángzǐ hé tā de shìcóng qímǎ guòlái,

不一会儿便 站 在了她的 面前。
bù yīhuìér biàn zhàn zài le tā de miànqián.

当 两个 人看 着 对方 的 眼睛 时，
Dāng liǎnggè rén kàn zhe duìfāng de yǎnjīng shí,

他们 彼此相爱 了。
tāmén bǐcǐ xiāngài le.

El príncipe levantó a Elisa en su caballo y cabalgó con ella hasta su castillo.

王子 把爱丽萨托上 马,
Wángzǐ bǎ Àilìsà tuōshàng mǎ,

和她 一起 骑回了他的王宫。
hé tā yīqǐ qíhuí le tā de wánggōng.

El poderoso tesorero estaba de todo menos contento con la llegada de la bella princesa silenciosa. Pues su propia hija debía ser la novia del principe.

这个 沉默 美人 的 到来 让 强势
Zhège chénmò měirén de dàolái rang qiángshì
的司库很 不愉快。 他自己 的女儿才
de sīkù hěn bù yúkuài. Tā zìjǐ de nǚér cái
应该 成为 王子 的新娘。
yīnggāi chéngwéi wángzǐ de xīnniáng.

Elisa no había olvidado a sus hermanitos. Cada noche seguía trabajando en las camisetas. Una noche se fue al cementerio para buscar ortigas frescas. En esto, el tesorero le observó en secreto.

爱丽萨没有 忘记 她的 兄弟们。
Àilìsà méiyǒu wàngjì tā de xiōngdìmen.

每天 晚上 她继续 编织 小 衬衫。
Měitiān wǎnshàng tā jìxù biānzhī xiǎo chènshān.

一天夜晚，她到 墓地去 采集新鲜 的 荨麻。
Yītiān yèwǎn, tā dào mùdì qù cǎijí xīnxiān de qiánmá.

此时司库 偷偷 地观察 着 她。
Cǐshí sīkù tōutōu de guānchá zhe tā.

Tan pronto como el principe fue de cacería, el tesorero hizo meter en el calabozo a Elisa. Afirmó que era una bruja que se reunía con otras brujas por las noches.

王子 刚刚 出去 打猎，司库就把
Wángzǐ gānggāng chūqù dǎliè, sīkù jiù bǎ

爱丽萨扔进 了地牢。
Àilìsà rēngjìn le dìláo.

他声称， 她是 一个巫婆, 在夜晚
Tā shēngchēng, tā shì yīgè wūpó, zài yèwǎn

和 其他的 巫婆 会面。
hé qítā de wūpó huìmiàn.

En la madrugada, Elisa fue recogida por los guardias. Debía ser quemada en la plaza principal.

天刚蒙蒙亮,卫兵就把
Tiān gāng mēngmēng liàng, wèibīng jiù bǎ

爱丽萨带了出来,他们要在市政
Àilìsà dài le chūlái, tāmen yào zài shìzhèng

广场烧死她。
guǎngchǎng shāosǐ tā.

En cuanto llegó ahí, once cisnes blancos se acercaron volando. Rápidamente Elisa les lanzó las camisetas vistiendolos. De pronto todos sus hermanos se encontraban frente a ella en su forma humana. Solo el menor, cuya camiseta no estaba del todo terminada, se quedó con una ala en lugar de un brazo.

她还没有到达那儿，突然飞来十一只白天鹅。爱丽萨迅速将荨麻
Tā hái méiyǒu dàodá nàr, tūrán fēilái shíyīzhī bái tiān'é. Àilìsà xùnsù jiāng qiánmá

衬衫抛到每个天鹅的身上。很快她的兄弟们都现出了
chènshān pāo dào měigè tiān'é de shēnshàng. Hěn kuài tā de xiōngdìmen dōu xiànchū le

人形，站在她面前。只有最小的还有一只翅膀，
rénxíng, zhànzài tā miànqián. Zhǐyǒu zuì xiǎo de hái yǒu yīzhī chìbǎng,

因为他的衬衫还没有完全织好。
yīnwéi tā de chènshān hái méiyǒu wánquán zhī hǎo.

Las caricias y besos todavía no habían acabado cuando el principe regresó. Por fin Elisa le pudo explicar todo. El principe hizo meter en el calabozo al malvado tesorero. Y luego, se celebró la boda por siete días.

Y vivieron felices y comieron perdices.

当 王子 回来 时,兄弟 姐妹们 还没 亲热够呢。爱丽萨
Dāng wángzǐ huílái shí, xiōngdì jiěmèimen hái méi qīnrè gòu ne. Àilìsà

终于 向 他解释了一切。王子 把恶毒 的司库 投进了地牢。
zhōngyú xiàng tā jiěshì le yíqiē. Wángzǐ bǎ èdú de sīkù tóujìn le dìláo.

随后 庆祝 了七天 的 婚礼。
Suíhòu qìngzhù le qī tiān de hūnlǐ.

从此 以后,他们 过着 幸福 快乐 的 日子。
Cóngcǐ yǐhòu, tāmen guòzhe xìngfú kuàilè de rìzi.

Hans Christian Andersen

Hans Christian Andersen nació en 1805 en la ciudad danesa Odense y murió en 1875 en Kopenhagen. Con sus cuentos de hadas como «La pequeña sirena», «El traje nuevo del emperador» o «El patito feo» obtuvo fama mundial. El cuento «Los cisnes salvajes» fue publicado por primera vez en 1838. Desde entonces, fue traducido a más de 100 idiomas y adaptado en muchas versiones, como ser teatro, películas y musicales.

Barbara Brinkmann nació en 1969 en Munich (Alemania) y creció en los Prealpes Bavareses. Estudió arquitectura en Munich y actualmente es investigadora asociada en la Facultad de Arquitectura de la Universidad Técnica de Munich. Además, trabaja como diseñadora gráfica, ilustradora y autora independiente.

Cornelia Haas nació en 1972 cerca de Augsburg, Alemania. Después de su formación como fabricante de cárteles publicitarios, estudió diseño en la escuela técnica superior en Münster y allí se graduó como diseñadora. Desde 2001 ha ilustrado libros infantiles y juveniles, desde 2013 enseña como profesora de pintura acrílica y digital en la escuela técnica superior de Münster.

Marc Robitzky, nacido en el año 1973, estudió en la Escuela Técnica Superior de Bellas Artes en Hamburgo y en la Academia de Artes Visuales en Frankfurt. Trabaja como ilustrador de profesión libre y diseñador de comunicación en Aschaffenburg, Alemania.

Ulrich Renz nació en 1960 en Stuttgart (Alemania). Después de estudiar literatura francesa en París, se graduó en la facultad de medicina de Lübeck y trabajó como director de una editorial científica. Hoy en día trabaja como publicista autónomo y, además de escribir libros de divulgación científica, escribe cuentos y libros infantiles.

¿Te gusta pintar?

Aquí encontrarás las ilustraciones de la historia para colorear:

www.sefa-bilingual.com/coloring

www.ingramcontent.com/pod-product-compliance
Lightning Source LLC
LaVergne TN
LVHW070441080526
838202LV00035B/2697